BUSINESS MANAGEMENT

DIRECT SELLING & NETWORK MARKETING

NEETESH KUMAR
(BUSINESS MOTIVATOR)

POORAN YADAV
(CO-BUSINESS MOTIVATOR)

A MOTIVATIONAL BOOK FOR SUCCESSFULL LEADERSHIP

GENRE : SELF-HELP

EDITION : PAPERBACK

EDITOR : PRANSHU CHANDRA

ABOUT THE BOOK

When we start any business, the thing we have to build to reach it to each other is a network. In the network, we collect profits by connecting groups, people, and individuals. Most of our dreams are to live a good and modern lifestyle. A life in which we do not feel the lack of anything. A businessman or business coach whom we call a motivational speaker can tell us by which rules and methods we can create a big and profitable business. On this basis, this book has been published which will tell us how to become a successful networker. This book contains some important and inspiring thoughts, some lessons which teach us how to be a successful person. We hope that you will read the facts mentioned in this book carefully with full confidence and emerge as a successful personality.

किताब के बारे में

जब हम किसी भी व्यवसाय को शुरू करते हैं तब हमें उसे एक-दूसरे तक पहुँचाने के लिए जिस चीज का निर्माण करना होता है वह है नेटवर्क। नेटवर्क में हम समूहों, लोगों, और व्यक्तियों को जोड़ कर मुनाफा एकत्रित करते हैं। हमारे अधिकतर सपने अच्छी और आधुनिक जीवनशैली बिताने की होती है। एक ऐसी जिंदगी जिसमें हमें किसी भी चीज़ का अभाव महसूस न हो। एक व्यवसायी या बिज़नेस कोच जिसे हम मोटिवेशनल स्पीकर कहते हैं हमें बता सकता है कि किन नियमों और तरीकों के द्वारा हम एक बड़ा और फायदेमंद व्यवसाय तैयार कर सकते हैं। इसी के आधार पर यह पुस्तक प्रकाशित की गई है जो हमें बतायेगी कि एक सक्सेसफुल नेटवर्कर कैसे बना जाये। इस पुस्तक में कुछ महत्वपूर्ण और प्रेरणादायक विचार हैं, कुछ पाठ हैं जो हमें सिखाते हैं कि सफल व्यक्ति कैसे होते हैं। आशा करते हैं कि आप पूरे विश्वास के साथ इस पुस्तक में बताये गए तथ्यों को ध्यानपूर्वक पढ़ेंगे और एक सफल व्यक्तित्व के रूप में सामने आएंगे।

ABOUT:- NEETESH KUMAR

NEETESH KUMAR IS ONE OF THE MOST CHILD EDUCATOR. HIS AIM IS THE CHANGING THE DEVELOPING SYSTEM BECAUSE FUTURE IS THE PART OF PRESENT. HE MOTIVATE AND INSPIRE TO ALL CHILD. HIS QUALIFICATION M.A. IN HINDI AND B.ED..

ABOUT:- POORAN YADAV

POORAN YADAV IS THE CLOSEST FRIEND OF NEETESH KUMAR. POORAN SIR HELP OF THEIR JUNIORS IN BUSINESS, DIRECT SELLING AND NETWORK MARKETING AND ALSO COLLABORATING BUSINESS. HE IS THE CO-MOTIVATOR IN THESE FIELDS.

CONTENTS

<u>विषय-वस्तु</u>

BUSINESS MANAGEMENT

DIRECT SELLING AND NETWORK MARKETING

दोस्तों जीवन में हमेशा सोच-समझकर कार्य करना।

FRIENDS, ALWAYS ACT THOUGHTFULLY IN LIFE.

1

WHAT IS NETWORK IN BUSINESS ?

बिज़नेस में नेटवर्क क्या है ?

BUSINESS MANAGEMENT

DIRECT SELLING AND NETWORK MARKETING

जहाँ ज्ञान नहीं, वहां जीवन व्यर्थ है।

WHERE THERE IS NO KNOWLEDGE, LIFE IS USELESS.

वैसे तो एक सिस्टम या नेटवर्क को चलाने के लिए लीडर की जरूरत होती है। और एक सफल लीडर उसको माना जाता है जो कार्यों को आपस में बाँटकर या एक दूसरे के योगदान से करें।

उदाहरण के लिए हमारे पास चार डिब्बे हैं जिनमें कुछ वस्तुएँ हैं और वे भारी हैं। आप को इन डिब्बों को अपने घर पर लेकर जाना है आप इन डिब्बों को अकेले घर लेकर जायेंगे तब आपका ज्यादा टाइम जायेगा।

ठीक इसी चीज को कण्ट्रोल करने के लिए हमें सपोर्ट देता है एक नेटवर्क। एक नेटवर्क आपका समय बचाता है, आपको लाभ पहुँचाता है, आपको आज़ाद रखता है। आपको तरक्की देता है, आपके प्रदर्शन को बेहतरीन बनाता है, आपको बोझमुक्त बनाता है। और अंत में आपको यह संतुष्टि, सुख और सुरक्षा भी प्रदान करता है।

WELL, A LEADER IS NEEDED TO RUN A SYSTEM OR NETWORK. AND A SUCCESSFUL LEADER IS CONSIDERED TO BE THE ONE WHO DOES THE WORK BY SHARING IT AMONG THEMSELVES OR WITH THE CONTRIBUTION OF EACH OTHER.

FOR EXAMPLE, WE HAVE FOUR BOXES WHICH CONTAIN SOME ITEMS AND THEY ARE HEAVY. YOU HAVE TO TAKE THESE BOXES TO YOUR HOME. IF YOU TAKE THESE BOXES HOME ALONE, THEN YOU WILL SPEND A LOT OF TIME.

A NETWORK SUPPORTS US TO CONTROL THIS VERY THING. A NETWORK SAVES YOUR TIME, BENEFITS YOU, KEEPS YOU FREE. IT GIVES YOU PROGRESS, MAKES YOUR PERFORMANCE EXCELLENT, MAKES YOU BURDEN-FREE. AND IN THE END, IT ALSO PROVIDES YOU SATISFACTION, HAPPINESS AND SECURITY.

हम जानते हैं कि प्रत्येक व्यक्ति में कुछ अलग होता है बस इन सभी योग्यताओं को एक सही दिशा देता है एक नेटवर्क। एक टीम का निर्माण एक लीडर करता है। इसको नेटवर्क का नाम दिया जाता है। एक लीडर नेटवर्क को बनाने के लिए जिम्मेदार होता है।

प्रत्येक व्यक्ति की कुछ जरूरतें और इच्छाएँ होती हैं। और वह जीवन में कभी किसी के नेटवर्क के अंदर जरूर काम करते हैं चाहें वह शिक्षा का क्षेत्र हो या रेल का या फिर विमानों का।

नेटवर्क कई प्रकार के हो सकते हैं। जो आपकी रचनात्मकता के ऊपर निर्भर करता है कि आप कितने रचनात्मक हैं। आप जीवन के कई क्षेत्रों में रचनात्मक कार्य कर रहे होते हैं। लेकिन आप किसी नेटवर्क का हिस्सा नहीं हैं। आपके ऊपर काम का भार है जिसको भारमुक्त करने के लिए नेटवर्क का हिस्सा बनना अनिवार्य है।

WE KNOW THAT EVERY PERSON HAS SOMETHING DIFFERENT. A NETWORK GIVES THE RIGHT DIRECTION TO ALL THESE ABILITIES. A TEAM IS FORMED BY A LEADER. IT IS CALLED A NETWORK. A LEADER IS RESPONSIBLE FOR CREATING A NETWORK.

EVERY PERSON HAS SOME NEEDS AND DESIRES. AND AT SOME POINT IN LIFE, HE DEFINITELY WORKS WITHIN SOMEONE'S NETWORK, WHETHER IT IS THE FIELD OF EDUCATION OR RAILWAYS OR AEROPLANES.

THERE CAN BE MANY TYPES OF NETWORKS. WHICH DEPENDS ON YOUR CREATIVITY, HOW CREATIVE YOU ARE. YOU ARE DOING CREATIVE WORK IN MANY AREAS OF LIFE. BUT YOU ARE NOT A PART OF ANY NETWORK. YOU HAVE A BURDEN OF WORK ON YOU, TO GET RID OF WHICH IT IS NECESSARY TO BECOME A PART OF A NETWORK.

एक लीडर के पास समय सीमित होता है। उसको कर्मचारियों के साथ-साथ अपने निजी जीवन में भी कठिनाइयों का सामना करना पड़ता है। वह कर्मचारियों और अन्य लोगों को इस काबिल बनाने का प्रयास करता है कि वे स्वयं सभी कार्यों को सँभालते रहें।

किसी भी नेटवर्क का निर्माण एक सोच से होता है। वह सोच में विकसित होता है तभी उसका विकास शुरू होता है। एक लीडर नेटवर्क बनाने की सोच रखता है। वह नेटवर्क बनाकर ही सभी ऊंचाइयों पर पहुँचता है। क्योंकि वह सोचता है। वह रास्तों का निर्माण करता है और लाभ-हानि को समान नज़रिये से देखता है।

वह यही सिखाना चाहता है कि हमें नेटवर्क बनाने का प्रयास करना है। ताकि नेटवर्क भविष्य में हमारी सहायता करता रहे और आगे बढ़ता रहे। नेटवर्क हमें सही जीवन जीने की कला भी सिखाता है। इसी आधार पर नेटवर्क मजबूत बनता है।

हम अपने आस पास की वस्तुएँ देखें तब हम पाएँगे प्रत्येक का निर्माण हम सभी ने अपनी सोच से किया है। एक माली फूलों-पौधों को इकट्ठा करके नेटवर्क बनाता है। एक कुम्हार घड़े का निर्माण करके घड़े का नेटवर्क बनाता है। यहाँ कुम्हार और माली लीडर हैं। और घड़े, फूल-पौधे नेटवर्क हैं।

साथ ही हमें कुछ स्किल्स को भी सीखना पड़ेगा जो नेटवर्क बनाने में बहुत मदद देंगी। जैसे - कम्युनिकेशन स्किल, सेल्फ कॉन्फिडेंस, पब्लिक स्पीकिंग, एक्टिव लिसनिंग, पॉजिटिव थिंकिंग।

A LEADER HAS LIMITED TIME. HE HAS TO FACE DIFFICULTIES IN HIS PERSONAL LIFE AS WELL AS WITH HIS EMPLOYEES. HE TRIES TO MAKE HIS EMPLOYEES AND OTHER PEOPLE CAPABLE OF HANDLING ALL THE TASKS ON THEIR OWN.

ANY NETWORK IS BUILT WITH A THOUGHT. IT DEVELOPS IN THOUGHT ONLY THEN ITS DEVELOPMENT BEGINS. A LEADER THINKS OF BUILDING A NETWORK. HE REACHES ALL HEIGHTS ONLY BY BUILDING A NETWORK. BECAUSE HE THINKS. HE BUILDS PATHS AND SEES PROFIT AND LOSS FROM THE SAME PERSPECTIVE.

HE WANTS TO TEACH THAT WE HAVE TO TRY TO BUILD A NETWORK. SO THAT THE NETWORK KEEPS HELPING US IN THE FUTURE AND KEEPS MOVING FORWARD. THE NETWORK ALSO TEACHES US THE ART OF LIVING A RIGHT LIFE. THE NETWORK BECOMES STRONG ON THIS BASIS.

IF WE LOOK AT THE THINGS AROUND US, THEN WE WILL FIND THAT WE HAVE BUILT EACH OF THEM WITH OUR OWN THINKING. A GARDENER CREATES A NETWORK BY COLLECTING FLOWERS AND PLANTS. A POTTER CREATES A POT NETWORK BY MAKING A POT. HERE THE POTTER AND THE GARDENER ARE LEADERS. AND POTS, FLOWERS AND PLANTS ARE NETWORKS.

ALONG WITH THIS, WE WILL HAVE TO LEARN SOME SKILLS WHICH WILL HELP A LOT IN CREATING A NETWORK. LIKE - COMMUNICATION SKILLS, SELF-CONFIDENCE, PUBLIC SPEAKING, ACTIVE LISTENING, POSITIVE THINKING.

2

PASSION, SUCCESS AND MONEY
जुनून, सफलता और पैसा

BUSINESS MANAGEMENT

DIRECT SELLING AND NETWORK MARKETING

जितने ज्यादा आप विनम्र होते हैं
उतने ही बड़े हो जाते हैं।
THE MORE HUMBLE
YOU ARE THE GREATER
YOU BECOME.

एक व्यक्ति जो कार्यालय में 8 घंटे से अधिक कार्य करता है। उसे अपने कार्यों से लगाव और उनमें रुचि है। वह जुनूनी व्यक्ति है जो अपना समय कार्यों को दे रहा है।

वह प्रतिदिन लक्ष्य निर्धारित करके उस पर कार्य करता है। उसने निरंतरता के साथ अपना समय उस कार्य पर दिया जिसे वह पसंद करता था। आपको भी अपनी पसंद का कार्य करते रहना है। क्या आप जानते हैं कि जीवन में आपको आगे बढ़ने से कौन रोक रहा है? आप स्वयं। कैसे? आपका कार्य यह देखना है कि आपको क्यों रुकना पड़ रहा है।

इसके दो कारण हो सकते हैं पहला लक्ष्य का न होना और दूसरा आत्मविश्वास न होना। लक्ष्य वह है जो हमारे सपनों को अस्तित्व में लाता है। ज्यादातर लोगों का सपना ज्यादा धन एकत्रित करना होता है ताकि वे रोजमर्रा की जिंदगी से ऊपर उठ सकें।

सर्वप्रथम व्यक्ति को जानना चाहिए कि वह आत्मविश्वास क्यों खो बैठता है? व्यक्ति आत्मविश्वास नहीं खोता है वह कार्यों से ध्यान हटा लेता है।

A PERSON WHO WORKS FOR MORE THAN 8 HOURS IN THE OFFICE. HE IS PASSIONATE AND INTERESTED IN HIS WORK. HE IS A PASSIONATE PERSON WHO IS DEVOTING HIS TIME TO WORK.

HE SETS A GOAL EVERY DAY AND WORKS ON IT. HE DEVOTED HIS TIME WITH CONSISTENCY TO THE WORK HE LIKED. YOU TOO HAVE TO KEEP DOING THE WORK OF YOUR CHOICE.

DO YOU KNOW WHO IS STOPPING YOU FROM MOVING FORWARD IN LIFE? YOU YOURSELF. HOW? YOUR JOB IS TO SEE WHY YOU ARE STOPPING.

THERE CAN BE TWO REASONS FOR THIS, FIRST IS LACK OF GOAL AND SECOND IS LACK OF CONFIDENCE. GOAL IS WHAT BRINGS OUR DREAMS INTO EXISTENCE. THE DREAM OF MOST PEOPLE IS TO ACCUMULATE MORE MONEY SO THAT THEY CAN RISE ABOVE EVERYDAY LIFE.

FIRST OF ALL, A PERSON SHOULD KNOW WHY HE LOSES CONFIDENCE? A PERSON DOES NOT LOSE CONFIDENCE, HE DIVERTS HIS ATTENTION FROM WORK.

सीधे शब्दों में, आपका व्यवसाय तभी चलेगा जब आप व्यर्थ के कार्यों से ध्यान हटायेंगे। वो कहावत है कि "कर भला तो हो भला"। मतलब कि आप जब दूसरों का भला करने निकलते हैं तब जीवन शैली व्यवस्थित हो जाती है। यही आपका आत्मविश्वास बढ़ाता है।

साथियों परिवर्तन ही संसार का नियम है। जीवन में रुकावटें तो आती ही रहेंगी क्या हम कार्य करना छोड़ दें। नहीं! हम उत्सुक हैं और उत्सुकता को खत्म नहीं कर सकते।
"संघर्ष कर सकते हैं जो जीवन को एक दिन जरूर जगमग करता है।"
विरोध कर रहे व्यक्तियों को समय- समय पर अपना ज्ञान प्रेषित करते रहें जिससे वे भी अपने विरोधियों को अपना ज्ञान प्रेषित करें।

दोस्तों, सफल आपको यही चीज बनाएगी कि आप विरोधियों को अज्ञान से ज्ञान की तरफ खींच कर लाएं। आपका यही कार्य आपके लिए एक कुशल नेटवर्क का निर्माण करेगा साथ ही धन की एक बड़ी राशि आपके हाथ में होगी। जिससे आप अपने सारे सपनों को साकार कर सकते हैं।

SIMPLY PUT, YOUR BUSINESS WILL RUN ONLY WHEN YOU DIVERT YOUR ATTENTION FROM USELESS TASKS. THERE IS A SAYING THAT "DO GOOD AND GOOD WILL HAPPEN". IT MEANS THAT WHEN YOU SET OUT TO DO GOOD FOR OTHERS, YOUR LIFESTYLE BECOMES ORGANIZED.

THIS INCREASES YOUR CONFIDENCE.

FRIENDS, CHANGE IS THE RULE OF THE WORLD. OBSTACLES WILL KEEP COMING IN LIFE, SHOULD WE STOP WORKING? NO! WE ARE CURIOUS AND WE CANNOT END OUR CURIOSITY.

"WE CAN STRUGGLE WHICH WILL DEFINITELY BRIGHTEN OUR LIFE ONE DAY."

KEEP SENDING YOUR KNOWLEDGE TO THE PEOPLE WHO ARE OPPOSING YOU FROM TIME TO TIME SO THAT THEY CAN ALSO SEND THEIR KNOWLEDGE TO THEIR OPPONENTS.

FRIENDS, THE ONLY THING THAT WILL MAKE YOU SUCCESSFUL IS THAT YOU PULL YOUR OPPONENTS FROM IGNORANCE TO KNOWLEDGE. THIS WORK OF YOURS WILL CREATE AN EFFICIENT NETWORK FOR YOU AND A LARGE AMOUNT OF MONEY WILL BE IN YOUR HANDS. WITH THIS, YOU CAN MAKE ALL YOUR DREAMS COME TRUE.

3

THREE IMPORTANT THINGS

तीन महत्वपूर्ण बातें

BUSINESS MANAGEMENT

DIRECT SELLING AND NETWORK MARKETING

अपने व्यवसाय को सच मानें।

BE TRUE TO YOUR BUSINESS.

दोस्तों हमारी लाइफ तभी बदलती है जब हम नए लोगों से मिलते हैं, नई किताबें पढ़ते हैं, नए शब्द पढ़ते हैं। इन सभी चीजों को निरंतर करके और इनमें समय देकर हम अपनी मानसिकता को नया बना सकते हैं। बहुत से लोग होते हैं जो कोशिश नहीं करते। शायद वे सोचते हैं कि कुछ नया करने से समय बर्बाद होगा। किसी व्यक्ति ने क्या खूब लिखा है - क्यों डरें कि जिंदगी में क्या होगा कुछ नहीं होगा तो तजुर्बा होगा।

FRIENDS, OUR LIFE CHANGES ONLY WHEN WE MEET NEW PEOPLE, READ NEW BOOKS, READ NEW WORDS. BY DOING ALL THESE THINGS CONTINUOUSLY AND GIVING TIME TO THEM, WE CAN MAKE OUR MINDSET NEW. THERE ARE MANY PEOPLE WHO DO NOT TRY. PERHAPS THEY THINK THAT DOING SOMETHING NEW WILL BE A WASTE OF TIME. SOMEONE HAS WRITTEN BEAUTIFULLY - WHY BE AFRAID OF WHAT WILL HAPPEN IN LIFE, IF NOTHING HAPPENS, YOU WILL HAVE EXPERIENCE.

हम लोगों की यह आदत बन जाती है कि हमें बता दिया जाता है यह करो यह ठीक है। जीवन में एक बेहतरीन नेटवर्क तभी बन सकता है जब हम वर्तमान का विस्तार करें।
जैसे आपके पास पांच पुस्तकें हैं जिनमें से आप तीन पढ़ चुके हैं। आप पढ़ी हुई पुस्तकें बेच सकते हैं ताकि आपका कार्य व्यवस्थित हो सके। इसमें आपका कोई नुकसान नहीं है। यही वर्तमान समय है जिसमें हमें लेन-देन करना है। लेन-देन हमारी आवश्यकताओं की पूर्ति करता है।

WE GET USED TO BEING TOLD THAT THIS IS OKAY TO DO. A GREAT NETWORK IN LIFE CAN BE CREATED ONLY WHEN WE EXPAND THE PRESENT.
FOR EXAMPLE, YOU HAVE FIVE BOOKS OUT OF WHICH YOU HAVE READ THREE. YOU CAN SELL THE BOOKS YOU HAVE READ SO THAT YOUR WORK CAN BE ORGANIZED. THERE IS NO LOSS TO YOU IN THIS. THIS IS THE PRESENT TIME IN WHICH WE HAVE TO DO TRANSACTIONS. TRANSACTIONS FULFILL OUR NEEDS.

आपके अंदर एक आग होनी चाहिए जो आपको कुछ करने के लिए बेचैन कर रही हो, यही प्रकाश बनकर चमकती है। हमें मोमबत्ती की तरह हो जाना है। हर समय लोगों को प्रकाश देना है। यह प्रकाश आपके पास असीमित होता है।
बस आपको मन में साफ विचार रखने हैं जैसे आप यह पांच विचार रख सकते हैं।
1. धैर्य ही सफलता है।
2. संघर्ष ही सफलता है।

3. विश्वास ही सफलता है।
4. ज्ञान ही सफलता है।
5. अनुशासन ही सफलता है।

THERE SHOULD BE A FIRE INSIDE YOU WHICH IS MAKING YOU RESTLESS TO DO SOMETHING, THIS SHINES AS LIGHT. WE HAVE TO BECOME LIKE A CANDLE. WE HAVE TO GIVE LIGHT TO PEOPLE ALL THE TIME. YOU HAVE UNLIMITED LIGHT. YOU JUST HAVE TO KEEP CLEAR THOUGHTS IN YOUR MIND LIKE YOU CAN KEEP THESE FIVE THOUGHTS.
1. PATIENCE IS SUCCESS.
2. STRUGGLE IS SUCCESS.
3. FAITH IS SUCCESS.
4. KNOWLEDGE IS SUCCESS.
5. DISCIPLINE IS SUCCESS.

4

TOLERATING OR ENDURING INSULTS OPENS THE DOOR TO SUCCESS.
अपमान झेलने या सहने से सफलता का दरवाजा खुल जाता है।

BUSINESS MANAGEMENT

DIRECT SELLING AND NETWORK MARKETING

नौकरी करना गलत नहीं है लेकिन नौकरी से आप अरबपति नहीं बन सकते।

THERE IS NOTHING WRONG IN DOING A JOB BUT YOU CANNOT BECOME A BILLIONAIRE THROUGH A JOB.

कभी-कभी आप जब किसी नए काम के लिए निकलते हैं तब आपके मन में एक बात हमेशा रहती है कि यार हम यह सब को पूरा कैसे कर पाएंगे। तो दोस्तों, इसके लिए आप मन में यह सोचें कि यह काम तो बहुत आसान है और शायद इस काम को पूरा करने के लिए मुझे ही बनाया गया है।

एक विचार आपकी जिंदगी में वो परिवर्तन ला सकता है जो आपको आश्चर्यचकित का दे कि अचानक यह कार्य पूरा कैसे हो गया।

यह भी लगता है कि कोई बेइज्जती न कर दे या अपशब्द न कहे, कुछ लोग मूर्ख भी होते हैं जिन्हें किसी की भी कदर करना नहीं आता या हमारे में ही कुछ कमियां होती हैं जिन्हें बदलकर हम सही दिशा में आगे बढ़ सकते हैं।

एक नेटवर्कर को लोगों की मदद करनी चाहिए अपमान भी होता है लेकिन उसे स्वीकार करके आगे बढ़ते रहना होगा।

SOMETIMES WHEN YOU START FOR A NEW WORK, THEN ONE THING ALWAYS REMAINS IN YOUR MIND THAT HOW WILL WE BE ABLE TO COMPLETE ALL THIS. SO FRIENDS, FOR THIS YOU SHOULD THINK IN YOUR MIND THAT THIS WORK IS VERY EASY AND MAYBE I HAVE BEEN MADE TO COMPLETE THIS WORK.

ONE THOUGHT CAN BRING SUCH A CHANGE IN YOUR LIFE THAT YOU WILL BE SURPRISED THAT HOW THIS WORK GOT COMPLETED SUDDENLY.

IT ALSO SEEMS THAT NO ONE SHOULD INSULT OR ABUSE, SOME PEOPLE ARE FOOLS WHO DO NOT KNOW HOW TO RESPECT ANYONE OR WE HAVE SOME SHORTCOMINGS WHICH WE CAN CHANGE AND MOVE FORWARD IN THE RIGHT DIRECTION.

A NETWORKER SHOULD HELP PEOPLE, THERE IS ALSO INSULT BUT WE HAVE TO ACCEPT IT AND KEEP MOVING FORWARD.

5

GIVE PRIORITY TO
YOURSELF.
प्रायोरिटी खुद को दें।

**BUSINESS
MANAGEMENT**

DIRECT SELLING AND
NETWORK MARKETING

जिनके पास साहस की कमी है वे लोग नौकरी करते हैं।

THOSE WHO LACK COURAGE DO JOBS.

हम अपने माहौल के कारण बहुत से काम से भटक जाते हैं। यह माहौल पर निर्भर नहीं कि आपको हमेशा सही माहौल मिले लेकिन यह आपकी जिम्मदारी होनी चाहिए कि आप अधिकतर समय खुद पर और खुद के कार्यों पर दें। ऐसा करने से आपकी काम की गुणवत्ता में तेजी आती है और आप खुद की खूबियों के बारे में जानने लगते हैं।

WE GET DISTRACTED FROM MANY TASKS DUE TO OUR ENVIRONMENT. IT IS NOT DEPENDENT ON THE ENVIRONMENT THAT YOU ALWAYS GET THE RIGHT ENVIRONMENT BUT IT SHOULD BE YOUR RESPONSIBILITY TO SPEND MOST OF THE TIME ON YOURSELF AND YOUR WORK. BY DOING THIS, THE QUALITY OF YOUR WORK INCREASES AND YOU START KNOWING ABOUT YOUR STRENGTHS.

6

STEP BY STEP

स्टेप टू स्टेप

BUSINESS MANAGEMENT

DIRECT SELLING AND NETWORK MARKETING

व्यवसाय साहस वाले करते हैं जैसे एडीशन की टीम ने बल्ब का किया।

BUSINESS IS DONE BY COURAGEOUS PEOPLE LIKE THE EDITION TEAM DID WITH THE BULB.

यह तरीके आपको एक क्रम में सुखी जीवन जीने के लिए प्रेरित करते हैं। आपको चाहिए कि आपका निर्णय ऐसा हो जो किसी बड़े कार्य को छोटे-छोटे टास्क में तोड़ दे।

यह काम सॉफ्टवेयर बनाने जैसा होना चाहिए जैसे एक सॉफ्टवेयर का निर्माण विभिन्न कंप्यूटरीकृत भाषाओं द्वारा होता है। यह काम उतने ही आसान बन जाते हैं जैसे पानी पीना।

सिस्टम हमें यह सिखाता है कि हम स्टेप-टू-स्टेप प्लानिंग करें और उन्हें अप्लाई करें।

THESE METHODS INSPIRE YOU TO LIVE A HAPPY LIFE IN A SYSTEMATIC WAY. YOU SHOULD MAKE YOUR DECISION IN SUCH A WAY THAT IT BREAKS A BIG TASK INTO SMALL TASKS.

THIS WORK SHOULD BE LIKE MAKING SOFTWARE AS A SOFTWARE IS MADE BY VARIOUS COMPUTERIZED LANGUAGES. THESE TASKS BECOME AS EASY AS DRINKING WATER.

THE SYSTEM TEACHES US TO MAKE STEP-BY-STEP PLANNING AND IMPLEMENT THEM.

7

DON'T GIVE UP
DREAMING
सपने देखना न
छोड़ें।

BUSINESS MANAGEMENT

DIRECT SELLING AND NETWORK MARKETING

'मेरे पास समय नहीं है' आप जब तक लोगों से नहीं कहेंगे तब तक आपको जायेगा।

UNLESS YOU TELL PEOPLE, 'I DON'T HAVE TIME', YOU WILL KEEP GOING.

जीवन इच्छाओं से निर्मित है जिसे हम सपने भी कहते हैं। एक व्यक्ति अपने सम्मान का सपना देखता है तभी वह उसको पूरा कर सकता है। जैसे एक टेलर को धागे, कपड़े और मशीन की आवश्यकता होती है। जिसकी मदद से वह सुंदर कपड़े तैयार कर पाता है।

हम ज्यादातर समय अपनी कमी के बारे में सोचते हैं क्योंकि हम सपने नहीं देखते। आपको दुनिया में चीज़ें इसलिए दिखाई जाती हैं कि आप भी उनको अपनाकर अपने जीवन में बदलाव लाएं।

कुछ लोगों का सपना घूमना होता है, कुछ का आधुनिक जीवनशैली रखने का। हम उनको भी नहीं भूल सकते जिनका सपना लोगों के स्वास्थ्य के लिए काम करना होता है। आपको एक मौका हमेशा उपलब्ध होता है सपने देखने का या उन्हें चुनने का।

आपको खुद पर विश्वास रखकर सपने देखने होंगे तभी आपके सपने पूरे हो सकेंगे।

LIFE IS MADE UP OF DESIRES WHICH WE ALSO CALL DREAMS. A PERSON DREAMS OF HIS RESPECT ONLY THEN HE CAN FULFILL IT. LIKE A TAILOR NEEDS THREAD, CLOTH AND MACHINE. WITH THE HELP OF WHICH HE IS ABLE TO PREPARE BEAUTIFUL CLOTHES.

MOST OF THE TIME WE THINK ABOUT OUR SHORTCOMINGS BECAUSE WE DO NOT DREAM. YOU ARE SHOWN THINGS IN THE WORLD SO THAT YOU TOO CAN ADOPT THEM AND BRING CHANGE IN YOUR LIFE.

SOME PEOPLE DREAM OF TRAVELLING, SOME OF THEM HAVE A MODERN LIFESTYLE. WE CANNOT FORGET THOSE WHOSE DREAM IS TO WORK FOR THE HEALTH OF PEOPLE. YOU ALWAYS HAVE AN OPPORTUNITY TO DREAM OR CHOOSE THEM.

YOU HAVE TO DREAM BY BELIEVING IN YOURSELF ONLY THEN YOUR DREAMS WILL BE FULFILLED.

8

DON'T MISS THE TARGET.
लक्ष्य को नहीं छोड़ें।

BUSINESS MANAGEMENT

DIRECT SELLING AND
NETWORK MARKETING

कुछ देने से ही कुछ मिलता है,
यही व्यवसाय का नियम है।
ONLY WHEN YOU GIVE
SOMETHING CAN YOU
GET SOMETHING IN
RETURN, THIS IS THE
RULE OF BUSINESS.

उक्ति:-
QUOTE:-

बुद्धिमान व्यक्ति लक्ष्य को नहीं छोड़ते किंतु रास्ते जरूर बदलते हैं।

INTELLIGENT PEOPLE DO NOT ABANDON THEIR GOALS BUT DEFINITELY CHANGE THEIR PATHS.

EXAMPLE

मेरा लक्ष्य सर्टिफिकेट के सिलसिले में लखनऊ जाना था। जब मैं लखनऊ जा रहा था तब मैंने ट्रेन से जाने का निर्णय लिया लेकिन ट्रेन में अधिक यात्री होने के कारण मुझे ट्रेन को छोड़ कर बस से यात्रा करनी पड़ी तभी मैं लखनऊ आ पाया। मैंने रास्ता बदला लेकिन लक्ष्य नहीं छोड़ा।

मैं लखनऊ तो पहुंचा लेकिन दूसरे रास्ते से। दोस्तों, यह जीवन एक नया अनुभव देता है कि एक ही रास्ते से न चलते रहें नए रास्ते का भी उपयोग करें।

MY GOAL WAS TO GO TO LUCKNOW FOR THE CERTIFICATE. WHEN I WAS GOING TO LUCKNOW, I DECIDED TO GO BY TRAIN BUT DUE TO MORE PASSENGERS IN THE TRAIN, I HAD TO LEAVE THE TRAIN AND TRAVEL BY BUS, ONLY THEN I COULD REACH LUCKNOW. I CHANGED THE ROUTE BUT DID NOT GIVE UP THE GOAL.

I REACHED LUCKNOW BUT BY ANOTHER ROUTE. FRIENDS, THIS LIFE GIVES A NEW EXPERIENCE THAT DO NOT KEEP WALKING ON THE SAME PATH, USE NEW PATHS AS WELL.

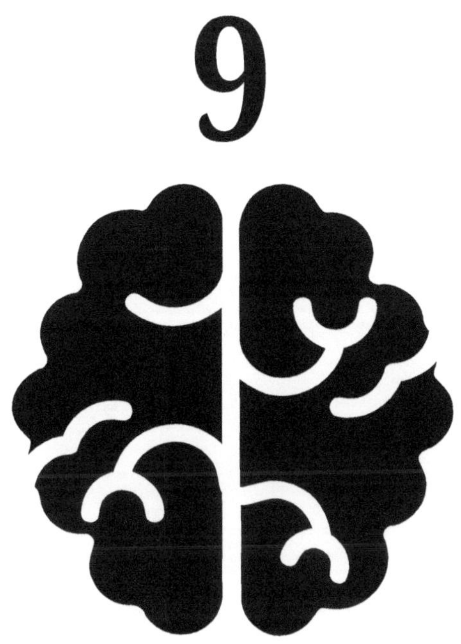

9

USE YOUR SUBCONSCIOUS
अपने अवचेतन का उपयोग करें

BUSINESS MANAGEMENT

DIRECT SELLING AND NETWORK MARKETING

दूसरों को इज़्ज़त देने से ही इज़्ज़त मिलती है। इसलिए सबको इज़्ज़त दें। दिल से।

RESPECT IS GAINED ONLY BY RESPECTING OTHERS. SO RESPECT EVERYONE. FROM THE HEART.

हम अमीरी, विलासिता और पैसे जैसी चीज़ों के बारे में सोचते रहते हैं। ये चीज़ें शब्दों की छवि बनाती हैं और हमारी चेतना में चमकती हैं लेकिन हम रोज़ाना उन्हीं विचारों को दोहराते रहते हैं। ये विचार हमारे अवचेतन में प्रवाहित होते हैं।

यही विचार हमारे जीवन में काम करते हैं और हमारा भविष्य बनाते हैं। हम एक पुस्तकालय बनाते हैं, पहले दिन हम 10 किताबें रखते हैं, दूसरे दिन 20 किताबें और यह प्रवाह दोहराव हमें एक शक्तिशाली व्यक्ति बनाता है जो एक ही विचार की ऊर्जा बनाता है जैसे हम एक मंदिर के बारे में सोचते हैं अगर हम जागने के बाद और सोने से पहले सोचते हैं तो हमें हर दिन मंदिर दिखाई देता है। और यही विचार हमारा भविष्य बनाते हैं।

WE KEEP THINKING ABOUT THINGS LIKE RICHES, LUXURY AND MONEY. THESE THINGS CREATE IMAGES OF WORDS AND FLASH IN OUR CONSCIOUSNESS BUT WE KEEP REPEATING THE SAME THOUGHTS EVERYDAY.

THESE THOUGHTS FLOW IN OUR SUBCONSCIOUS. THESE THOUGHTS WORK IN OUR LIFE AND CREATE OUR FUTURE. WE MAKE A LIBRARY, ON THE FIRST DAY WE KEEP 10 BOOKS, ON THE SECOND DAY 20 BOOKS AND THIS FLOW REPETITION MAKES US A POWERFUL PERSON WHICH CREATES ENERGY OF THE SAME THOUGHT LIKE WE THINK OF A TEMPLE IF WE THINK AFTER WAKING UP AND BEFORE SLEEPING WE SEE THE TEMPLE EVERY DAY. AND THESE THOUGHTS CREATE OUR FUTURE.

10

ENJOY YOUR WORK.
काम का मज़ा लें।

BUSINESS MANAGEMENT

DIRECT SELLING AND
NETWORK MARKETING

यह बात साफ़ है। रिश्वत और
ठगविद्या पाप है।
THIS IS CLEAR.
BRIBERY AND
CHEATING ARE SINS.

दोस्तों, एक बात पक्की है कि आप नेटवर्क बनाने के दौरान कुछ कठिनाई और दिक्कतों का सामना कर सकते हैं। लेकिन-लेकिन दोस्तों हम बहुत ही आसानी से इसको अपने दिमाग से निकाल फेकेंगे। कैसे, हम सबसे पहले काम का मज़ा लेंगे और बाद में कुछ योजना बनाकर सही कार्य करेंगे, जिस कार्य के सटीकता होगी, सुरक्षा होगी, प्रसन्नता होगी।

यही एक नेटवर्क सिस्टम का सबसे महत्वपूर्ण नियम है जिसके बिना आप बिना थके काम की सीमा और उत्पादकता को बढ़ाकर लाभ काम सकते हैं। अपने दर्द को भी खुशी में बदल दें यही चीज लोगों को प्रभावित करती है।

FRIENDS, ONE THING IS FOR SURE THAT YOU MAY FACE SOME DIFFICULTIES AND PROBLEMS WHILE BUILDING A NETWORK. BUT-BUT FRIENDS, WE WILL VERY EASILY REMOVE THIS FROM OUR MIND. HOW, FIRST OF ALL WE WILL ENJOY THE WORK AND LATER DO THE RIGHT WORK BY MAKING SOME PLANS, THE WORK WHICH WILL BE ACCURATE, SAFE, AND HAPPY.

THIS IS THE MOST IMPORTANT RULE OF A NETWORK SYSTEM WITHOUT WHICH YOU CAN EARN PROFIT BY INCREASING THE EXTENT OF WORK AND PRODUCTIVITY WITHOUT GETTING TIRED. TURN YOUR PAIN INTO HAPPINESS, THIS IS THE THING THAT IMPRESSES PEOPLE.

11

MANAGE YOUR TIME
अपने समय का
प्रबंधन करें।

**BUSINESS
MANAGEMENT**

DIRECT SELLING AND
NETWORK MARKETING

दूसरों को प्रेरित करने के लिए आपको स्वयं प्रेरित होना होगा।

TO INSPIRE OTHERS
YOU MUST BE
INSPIRED YOURSELF

दोस्तों, समय ऐसी चीज है जो एक बार बीत जाता है वह दोबारा वापस नहीं आता है। हम समय प्रबंधन सीख चाहते हैं लेकिन समय तो सीमित है प्रत्येक को समान 24 घंटे मिले हैं, जो अमूल्य है।

कुछ वैज्ञानिक तथ्यों के द्वारा पता चला है कि समय ही धन और जीवन है। आप इस समय का उपयोग चाहें तो कुछ नया करने या सीखने में लगा दें या फिर अन्य उलझनों में क्योंकि, समय सीमित है।

आज बाजारों में या शायद आपके घरों में भी पुस्तकें मौजूद हैं। बहुत से व्यक्ति उन्हें पढ़ते भी हैं। लेकिन सवाल यह है कि आप पढ़ते हैं? बाजारों में वीडियो की श्रृंखला अनगिनत हो गई है। दुनिया में प्रत्येक के द्वारा कुछ न कुछ नया रचा जा रहा है। विभिन्न प्रयोगों की जानकारी इंटरनेट पर मुफ्त में उपलब्ध है।

समय को सही जगह पर लगाना भी समय प्रबंधन है। जैसे कोई निवेश करके अपने समय को उपयोग कर रहा है, कोई अपने समय को ड्राइविंग करके उपयोग कर रहा है। आप अपना समय कहाँ लगा रहे हैं, किन कार्यों के आपकी रुचि है, किस व्यक्ति के लिए आप अपना समय लगा रहे हैं, इन सब प्रश्नों को जानना ही आपके समय को प्रबंधित करता है।

FRIENDS, TIME IS SUCH A THING THAT ONCE IT PASSES, IT NEVER COMES BACK AGAIN. WE WANT TO LEARN TIME MANAGEMENT BUT TIME IS LIMITED. EVERYONE HAS GOT THE SAME 24 HOURS, WHICH IS PRICELESS.

IT HAS BEEN FOUND OUT THROUGH SOME SCIENTIFIC FACTS THAT TIME IS MONEY AND LIFE. IF YOU WANT, YOU CAN USE THIS TIME IN DOING OR LEARNING SOMETHING NEW OR IN OTHER WORRIES BECAUSE TIME IS LIMITED.

TODAY, BOOKS ARE AVAILABLE IN THE MARKETS OR MAYBE EVEN IN YOUR HOMES. MANY PEOPLE ALSO READ THEM. BUT THE QUESTION IS, DO YOU READ? THE SERIES OF VIDEOS IN THE MARKETS HAVE BECOME COUNTLESS. SOMETHING NEW IS BEING CREATED BY EVERYONE IN THE WORLD. INFORMATION ABOUT VARIOUS EXPERIMENTS IS AVAILABLE FOR FREE ON THE INTERNET.

USING TIME AT THE RIGHT PLACE IS ALSO TIME MANAGEMENT. LIKE SOMEONE IS USING HIS TIME BY INVESTING, SOMEONE IS USING HIS TIME BY DRIVING. WHERE ARE YOU SPENDING YOUR TIME, WHICH TASKS ARE YOU INTERESTED IN, FOR WHICH PERSON ARE YOU SPENDING YOUR TIME, KNOWING ALL THESE QUESTIONS MANAGES YOUR TIME.

12

FIND NEW WAYS

नए तरीके खोजें।

**BUSINESS
MANAGEMENT**

DIRECT SELLING AND
NETWORK MARKETING

आप व्यवसाय नहीं बनाते, आप
लोग बनाते हैं, फिर लोग व्यवसाय
बनाते हैं।

YOU DON'T BUILD A
BUSINESS, YOU BUILD
PEOPLE, THEN PEOPLE
BUILD THE BUSINESS.

जब इंटरनेट नहीं था तब व्यक्ति पत्रिकाओं और अखबारों के माध्यम से जानकारी एकत्रित करते थे अब हम जानकारी को मेल के जरिए भेजते हैं और प्राप्त करते हैं।

जब मोटरसाइकिल का अविष्कार नहीं हुआ था तब टांगे और साइकिलों को उपयोग में लिया जाता था। साइकिल के बाद मोटरसाइकिल, अखबारों के बाद इंटरनेट और पत्र बाद ई-मेल। एक के बाद एक खोजें होती गई और नए तरीके मिलते गए जिससे जिंदगी आसान हुई और भी खोजें हुई जिनसे बदलाव हुआ और खूब व्यापार भी हुआ।

WHEN THERE WAS NO INTERNET, PEOPLE USED TO GATHER INFORMATION THROUGH MAGAZINES AND NEWSPAPERS. NOW WE SEND AND RECEIVE INFORMATION THROUGH MAIL.

WHEN MOTORCYCLES WERE NOT INVENTED, HORSE-DRAWN CARRIAGES AND BICYCLES WERE USED. AFTER BICYCLES CAME MOTORCYCLES, AFTER NEWSPAPERS CAME INTERNET AND AFTER LETTERS CAME E-MAIL. ONE AFTER THE OTHER, INVENTIONS WERE MADE AND NEW METHODS WERE FOUND WHICH MADE LIFE EASIER AND MORE INVENTIONS WERE MADE WHICH BROUGHT ABOUT CHANGE AND ALSO A LOT OF BUSINESS.

13

TAKE INTEREST IN
YOUR PLAN
अपने प्लान में
इंटरेस्ट लें।

**BUSINESS
MANAGEMENT**

DIRECT SELLING AND
NETWORK MARKETING

एकमात्र स्थान जहां सफलता,
काम से पहले आती है, वह है
शब्दकोष।

THE ONLY PLACE
WHERE SUCCESS
COMES BEFORE WORK
IS IN THE DICTIONARY.

आप एक व्यवसायी हैं, आपका एक प्लान है। जिसमें आपको अनुशासित रहना है। अपने प्लान को खुद देखते रहना है।

जैसे आप सोचते हैं कि मुझे ताजमहल घूमना है, ये आपका प्लान है। आपको समझना होगा कि आप किस जगह हैं। क्या आप मुंबई में तो नहीं हैं? यदि आप मुंबई में हैं तब आपको आगरा का टिकट बुक कराना होगा।

आप एक प्लान में इंटरेस्ट लेकर दो कार्यों को पूरा कर सकते हैं, पहला- आप ताजमहल घूम पाएंगे और, दूसरा- एक कार्यक्रम की तैयारी करेंगे और अपने व्यवसाय को बढ़ाने के लिए उस कार्यक्रम में लोगों को प्लान दिखायेंगे।

YOU ARE A BUSINESSMAN, YOU HAVE A PLAN. IN WHICH YOU HAVE TO BE DISCIPLINED. YOU HAVE TO KEEP LOOKING AT YOUR PLAN YOURSELF.

LIKE YOU THINK THAT I WANT TO VISIT TAJ MAHAL, THIS IS YOUR PLAN. YOU HAVE TO UNDERSTAND WHERE YOU ARE. ARE YOU IN MUMBAI? IF YOU ARE IN MUMBAI THEN YOU HAVE TO BOOK A TICKET TO AGRA.

YOU CAN COMPLETE TWO TASKS BY TAKING INTEREST IN A PLAN, FIRST- YOU WILL BE ABLE TO VISIT TAJ MAHAL AND, SECOND- YOU WILL PREPARE FOR AN EVENT AND SHOW THE PLAN TO PEOPLE IN THAT EVENT TO INCREASE YOUR BUSINESS.

**BUSINESS
MANAGEMENT**

DIRECT SELLING AND
NETWORK MARKETING

कार्य महत्वपूर्ण है लेकिन स्वास्थ्य
से अधिक नहीं।

WORK IS IMPORTANT
BUT NOT MORE THAN
HEALTH.

<u>AFFIRMATION</u>

- Parents are the truth.
- Whatever I am today is because of my parents and siblings.
- God is a name.
- I am a money magnet.
- I live among positive people.
- I am rich but free from ego.
- I have infinite wealth.
- I am an honest and responsible citizen.

<u>प्रतिज्ञान</u>

- माता-पिता सत्य हैं।
- आज मैं जो कुछ भी हूँ अपने माता पिता और भाई-बहनों की वजह से हूँ।
- ईश्वर एक नाम है।
- मैं पैसों का चुंबक हूँ।
- मैं पॉजिटिव लोगों के बीच रहता हूँ।
- मैं अमीर होते हुए भी अहंकार से मुक्त हूं।
- मेरे पास अनंत संपति है।
- मैं ईमानदार और जिम्मेदार नागरिक हूं।

QUOTES

- Friends, always do your work thoughtfully in life.
- Where there is no knowledge, life is useless.
- The more humble you are, the bigger you become.
- Everyone's time is different.
- Take your profession seriously.
- It is not wrong to do a job but you cannot become a billionaire by doing a job.
- Those who lack courage do jobs, those with courage do business like Edison did with the bulb.
- Until you tell people, "I don't have time", you will be considered useless.

उद्धरण

- दोस्तों, जीवन में हमेशा सोच समझकर कार्य करना।
- जहां ज्ञान नही, वहां जीवन व्यर्थ है।
- जितने ज्यादा आप विनम्र होते हैं उतने ही बड़े हो जाते हैं।

- समय सबका अलग है।
- अपने व्यवसाय को सच मानें।
- नौकरी करना गलत नही है लेकिन नौकरी से आप अरबपति नही बन सकते।
- जिनके पास साहस की कमी है वे लोग नौकरी करते हैं व्यवसाय साहस वाले करते हैं जैसे एडीशन ने बल्ब का किया।
- "मेरे पास समय नही है" आप जब तक लोगों से नही कहेंगे तब तक आपको फालतू समझा जाएगा।

QUOTES

- Only when you give something, you get something, this is the rule of business.
- You get respect by giving respect to others. So respect everyone.
- It is clear that bribery and fraud are sins.
- See people from their perspective, not from your own.
- Wealthy people take help from books and experienced people.
- No one's experience is false.
- Every person is precious.

उद्धरण

- कुछ देने से ही कुछ मिलता है, यही व्यवसाय का नियम है।
- दूसरों को इज्ज़त देने से इज्ज़त मिलती है। इसलिए सबको इज्ज़त दें।
- यह बात साफ है रिश्वत और ठगविद्या पाप है।
- लोगों को उनकी तरह से देखें अपने नजरिए से नही।

- धनवान व्यक्ति सहारा लेते है, किताबों का और अनुभवी व्यक्तियों का।
- किसी भी व्यक्ति का अनुभव झूठा नही होता है।
- प्रत्येक व्यक्ति कीमती है।

<u>QUOTES</u>

- We think very small and make small goals.
- Don't let your negative feelings dominate you.
- A true friend is not equal to 100 books, but even more important.
- This world has a contribution in your life.
- What is available and what is not available are also valuable.
- One should always have positive thoughts.
- Read books on business.
- The junk dealer gives you money, and takes junk.
- Listen to positive, see positive, speak positive.
- Change is the rule of the world.

<u>उद्धरण</u>

- हम बहुत छोटा सोचते हैं और छोटे उद्देश्य बनाते हैं।

- अपनी बुरी भावनाओं को खुद पर हावी न होने दें।
- एक सच्चा मित्र 100 किताबों के बराबर नही उससे भी अधिक महत्पूर्ण है।
- आपके जीवन में इस संसार का योगदान है।
- जो उपलब्ध है वो भी, और जो नही है वो भी कीमती है।
- हमेशा शुभ कल्पनाएं करना चाहिए।
- व्यवसायों की पुस्तकें पढ़ें।
- कबाड़ वाला आपको पैसे देता है, और कबाड़ लेता है।
- पॉजिटिव सुनें, पॉजिटिव देखें, पॉजिटिव बोले।
- परिवर्तन ही संसार का नियम है।

QUOTES

- Keep donating, business will grow automatically.
- No matter how tough the time is, a new beginning is waiting.
- Narrow thinking is the biggest danger.
- Thank your employees and money too.
- You have infinite courage and passion, that is what makes you great.
- One must become rich.
- Neither time is ever wasted nor life is ever wasted.
- Life changes by changing the programming of the mind.
- Respect is gained by speaking less.
- Stay away from worldly illusion and work hard.
- Do not do wrong to anyone, time sees you.

- Words, motivation, benefits will not get you anything until you meet new people.
- Learn to change circumstances, bird, your destination is the sky.
- Only your hard work can always give you good luck.
- Difficulties come in the path of struggle and you win.

<u>उद्धरण</u>

- दान करते रहिए, व्यवसाय स्वयं बढ़ेगा।
- समय कितना भी कठिन हो, नई शुरुआत इंतजार कर रही होती है।
- छोटी सोच सबसे बड़ा खतरा है।
- अपने कर्मचारियों को धन्यवाद दे और पैसे को भी।
- आपके पास अनंत साहस और जुनून है वही आपको महान बनाता है।
- धनवान तो बनना ही चाहिए।
- न ही कभी समय बर्बाद होता है और न ही कभी जीवन बर्बाद होता है।
- जीवन मन की प्रोग्रामिंग बदलने से बदलता है।

- कम बोलने से इज्ज़त मिलती है।
- सांसारिक माया से दूर रहें और भरपूर काम करें।
- किसी के साथ गलत न करिए, वक्त आपको देखता है।
- शब्द, मोटिवेशन, लाभ कुछ नही मिलेगा जब तक कि आप नए लोगों से नही मिलते।
- परिस्थितियों को बदलना सीख परिंदे, तेरी मंजिल आसमान है।
- सिर्फ आपकी कड़ी मेहनत ही सदा आपको अच्छी किस्मत दे सकती है।
- संघर्ष के रास्ते में कठिनाई आती है और आप जीत जाते हैं।

IMPORTANT

- Change yourself so much that people yearn to meet you.
- Don't give so much time to anyone that they consider you cheap.
- I am looking for such lead which can break the stone.
- Do not keep words like fear, failure and defeat in your dictionary at all.
- Keep working hard, whether you get success or wealth, it is certain to come.
- A person's thought is more valuable than the person himself.
- Don't surrender to a fool.
- What is the use of regretting after the time has passed.
- There should be a stubbornness to play alone.
- The problem also gets solved.
- Hard work is above the destiny.

<u>महत्त्वपूर्ण</u>

- इतने बदल जाओ कि लोग आपसे मिलने के लिए तरस उठें।
- किसी को इतना वक्त मत दो कि वो आपको सस्ता समझ ले।
- मुझे ऐसे सीसे की तलाश है जो पत्थर को तोड़ सके।
- आपकी डिक्शनरी में डर, असफलता और हार जैसे शब्द बिल्कुल भी नही रखिए।
- मेहनत करते रहिए सफलता मिले या अमीरी, मिलना तय है।
- मनुष्य से अधिक उसके विचार की कीमत है।
- मूर्ख के सामने आत्मसमर्पण न करें।
- समय निकल जाने पर पछताने से क्या लाभ।
- अकेले खेलने की जिद् होनी चाहिए।
- समस्या का समाधान भी होता है।
- मेहनत किस्मत से भी ऊपर है।

Thank You

BUSINESS MANAGEMENT

DIRECT SELLING AND
NETWORK MARKETING